빛 그물 다시 그 속으로 돌아온

# 빛 그물 다시 그 속으로 돌아온

초판 1쇄 발행 2020년 11월 30일

지은이 이광민
펴낸이 장길수
펴낸곳 지식과감성ᵃ
출판등록 제2012-000081호

디자인 윤혜성
편집 윤혜성
교정 김혜련
마케팅 고은빛, 정연우

주소 서울시 금천구 벚꽃로298 대륭포스트타워6차 1212호
전화 070-4651-3730~4
팩스 070-4325-7006
이메일 ksbookup@naver.com
홈페이지 www.knsbookup.com

ISBN 979-11-6552-567-5(03810)
값 11,500원

ⓒ 이광민 2020 Printed in Korea

잘못된 책은 구입하신 곳에서 바꾸어 드립니다.
이 책의 전부 또는 일부 내용을 재사용하려면 사전에 저작 권자와 펴낸곳의 동의를 받아야 합니다.

이 도서의 국립중앙도서관 출판예정도서목록(CIP)은 서지정보유통지원시스템
홈페이지(http://seoji.nl.go.kr)와 국가자료공동목록시스템(http://www.nl.go.kr/kolisnet)에서
이용하실 수 있습니다. (CIP제어번호 : CIP2020049752)

홈페이지 바로가기

# 빛 그물 다시 그 속으로 돌아온

이광민 시집

오대산 전경 사진 이광민

## 시인의 말

평창과 무안을 오르내렸다.
연말이 되면 원주에서 좀 쉬어보려나

그러나
내 마음은 떠날 곳을 찾고 있다.


2020년 겨울
톱머리 해수욕장에서
바다를 바라보며

이광민

목차

시인의 말    5

## 제1부 기러기 나무

그리움 · 12
기러기 나무 · 13
선택 · 14
가족 · 16
봄 마실 · 17
거울 · 18
경주 · 19
일각삼추 · 20
눈물 · 21
짱구 · 22
저항 · 24
인과응보 · 26
귀곡성 펜션 · 27
희망 · 28
기억의 혼돈 속에 갇히다 · 29
만약에 · 30
마음 수련 · 32
이별離別 · 34
산은 그곳에 있다 · 35

산길 · 36
마음 안의 이야기 · 37
어떤 기다림 · 38
받으셨나요? · 39
명약 · 40
바람 · 41
순례 · 42
편지 · 43

## 제2부 벼락 후유증

아침 풍경 · 46
미련 · 48
문명 · 49
자원봉사자 · 50
깃털 · 52
기대 · 54
여행 · 55
사랑이란 · 56
벼락 후유증 · 58
숫자 공원 · 60
외면하다가 · 62
욕객 · 64
용기 · 66
흉터 · 67
로봇 각시 · 68
잠을 버리는 어리석음 · 70
입동 · 71
성장 · 72
눈보라 · 74

시 낭송 · 75
숲을 거닐다 보면 · 76
불청객 · 77
방황 · 78
글 짓는 시간 · 80
잠을 깨운 거짓말 · 82
기도 · 83
일상 · 84
인연 · 85

## 제3부 아름다운 동행

말에도 있는 향기 · 88
위로 · 89
초록 만담가 · 90
북에서 온 손님 · 92
2020년 어느 날 · 93
어른 · 94
큰 나무 · 96
착각 · 98
망향탑 · 99
동병상련同病相憐 · 100
노추산 모정 탑 · 101
나눔 · 102
맑은 빛 · 104
추억 · 106
송구영신送舊迎新 · 107
후백의 말씀 · 108
발왕산 스카이워크 · 109
향기 없는 소년 · 110
참회 · 112
부디 · 114
영혼의 힘 · 116

아름다운 사람 · 117
진실 · 118
시간이 머무는 자리 · 120
배신의 시대 · 122
어떤 선택 · 123
이어폰 · 124

## 제4부 지구 지킴이의 귀가

석양 · 126
치악산 구룡소 · 127
뻐꾸기 아저씨 · 128
꺼병이 교육 · 129
지구 지킴이의 귀가 · 130
젊은이여 · 132
목포 · 133
공허 · 134
침묵 · 136
변혁 · 138
서로 · 140
직지 · 142
나폴레옹과 가수 · 144
어떤 앎 · 146
꿈 · 148
미안해요 · 149
아시는지 모르시는지 · 150
바로 보자 · 152
은인과 악인 사이 · 154
그런 거예요? · 156
동화마을 수목원 · 157

우주 이야기 · 158
아름다운 동행 · 159
방 빼 · 160
선물 · 161
희망 2 · 162

# 제1부

기러기 나무

## 그리움

미래를 향한 발걸음인 줄 알기에
미국 동부에 있는
너를 볼 수 없어
가슴에 칼바람을 안고 산다.


사랑한다는 말이 마음 안에 버티기만 할 뿐
고맙다는 말이 무어 그리 무겁다고
가까이 두지 못하는지
곁에서 멀어진 후에야 이리 후회를 할까


흩어지는 너의 목소리 듣고
나조차 눈물이 쏟아질까 봐
두 옥타브 높이고


찬바람을 이기고 움트는 겨울눈처럼
봄볕 따스한 날 돌아올 걸 알기에
지구 반대편 대서양을 향해 서 있는 사진 한 장
수시로 꺼내 보다 주머니에 넣는다.

## 기러기 나무

오색 창연한 화려한 잎사귀로
시선을 빼앗던 나무가

비가 내리고
바람이 불고
서리가 내릴 때마다
하나씩 둘씩 그 잎을 떨구었다.

여름날의 푸르름은 잊힌 지 오래
새로 자란 가지가
찬 바람에 얼지 않도록
모든 영양분을 밀어주고

서리에도 이겨낼 즈음

제 것은 남겨두지 않아
벌레가 집을 짓고
알을 낳아
갉아 먹어도

그래도 가지에게
마지막 양분을 보내는 나무

## 선택

우리들 모임의 종착지는 ㅅ갈빗집

약속이 정해지면 며칠 전부터
갈비를 식탁에 올리지 않고 기다린다
그 가림의 선택이 주는 멋이 맛이었을까

몇 번 괜찮은 기억에 기대어
갑자기 정해진 외식에
그 집을 찾았다.

향기로 식욕을 끌어 올리고
지글거리며 구워지는 고기를
마늘, 겨자 간장에 담긴 양파 없이
맛을 보는데

이곳에 오자고 했는데
첫 절음부터 냄새난다고
휴지를 찾을 수 없었다.

결코 삼키고 싶지 않은 고기를
씹을 수도 없어서 두리번거리다
다른 곳에 눈을 둔 그이의 빈틈을 빌려
휴지에 버리다 눈빛에 걸렸다.

나는 한 점, 그이는 두 점
쌈을 찾고, 마늘을 넣고
있는 걸 숨기려고 넣고 또 넣었다.

맛집 이야길 하며
다음엔 ㅁ갈비를 찾아가자고
냉면과 된장찌개를 서로 나누며
버려야 할 것을 미련 없이 밀치며
다짐으로 아쉬운 시간을 다스렸다.

차림표를 보니
모든 고기가 수입산
배를 타고 바다 건너
수천 시간 온 까닭에
무엇인들 변하지 않을까

지역에서 자란 먹거리
그 간단한 진리를 잊고
몇 년을 드나든 식당

이제 또 약속이 정해지면
머뭇거릴 발걸음을
무엇으로 달래나

# 가족

검디 붉은 흉터로 나타난 그를
외면할 수 없는 먹먹함에
모든 걸 내려놓았다.


깊은 동굴의 어둠 속에서
빛을 발견한 듯 서둘렀으나
내려서기 힘든 낭떠러지


후두둑 떨어지는 붉은 동백꽃처럼
고향을 등지고 살아온 날이
비바람에 흩날리는 꽃잎 같더니


하나둘
넷, 여섯
그와 내가
아이들이
사랑하는 이와
둥근 밥상을 차렸다.

## 봄 마실

발목을 적시는 추적거림 속에
꽃잎처럼 날아갈 시간을 잡으려
주룩주룩 내리는 빗속에
강릉으로 차를 몰았다


포말이 그려낸 바다 그림과
거꾸로 가는 시계처럼 추운 봄날
아내를 위해 옷을 펼친 그대의 굽은 등은
바다처럼 넓은 모습으로 다가오고


고소한 향기 몽글몽글 풍기는
바삭한 튀김 한 접시 앞에 두고
남겨질 그대를 시간 뒤에 놓고


벌도 나비도 움츠리고 있는
봄비 내리는 밤
어둠도 비바람도 떨치고
대관령을 넘고 넘었다.

## 거울

보고 싶은 것만
보다가


보이는 것조차
보질 못하더니


보일 것이
두려워


돌려놓은
세월의 증표

## 경주

교통사고 후 삼 년이 지나도록
겨우 세 뼘만큼 팔을 올리는 내게
스스로 움직이는 운동이 회복의 지름길임을
일갈하는 주치의


수영을 하고 필라테스를 해도 날마다 제자리인 듯
다름이 보이지 않는 것은 티끌이 모여 태산이 됨을 모르는
세포의 반란이 잠을 쫒기에


지혜의 말씀조차
귀에 들어온 수영장 물처럼 느끼는 어리석은 나


아카시 꽃이 다시 필 즈음
앞뒤로 부드러운 몸놀림을 꿈꾸며
하루에 한 번
마음을 바꾸고
이리저리 움직이니


몸이 이길까
마음이 이길까

## 일각삼추

모든 것을 감춘 컴퓨터


검정 바탕에 흰 글씨만 가득하다
우리말도 아닌
Ctrl + alt + del to restart


시키는 대로 해도 거짓말만 하는 화면
해도 해도 같으니
모니터에 언제부터 다람쥐 집이 있었나


시간은 지나 눈마저 퀭하니 들어가는데
시나리오를 완성해야 할 시간
소리 없이 떨어지는 머리카락들
마른기침


마음은 로켓도 느린데
AS기사는 세발자전거를 타고 오는지


죽을 맛이다.

## 눈물

서로 다른 의미로 한 사람을 사이에 두었다.


놓아줘야 얻는데
때를 놓쳐버려
가슴에 자리한 아쉬움


딱딱한
때로는 가시처럼 돋아난 몇 마디가
화살처럼 가슴에 박혀


바람이 흔들고
비가 스며들어 쓰라린 만큼
말로 천둥과 번개를 치는 사람


그 막을 수 없는 난리
굳게 먹은 마음과 달리
온몸에서 비가 내린다.

## 짱구

새 학기가 시작된 봄날 오후
오르막이 높은 전동 국민학교
빨간색에 흰 물방울 재킷을 입고
세상에서 제일 예쁜 어머니와
학교 가는 길


달려온 친구는
어디 가느냐고
누구시냐며
과자봉지만 쳐다본다.


"친구니?
다 주어라."


손가락을 폈다 구부린 나는
몇 개를 주고 빠른 걸음을 걷는데
엄마가 사 줄 테니 다 주라는
말이 다시 귓전을 때린다.

비 오는 필름처럼
되돌아온 상황
다시 사 줄 걸 잊은 어머니와
잠을 못 이룰 만큼 아쉬움에 뒤척이는 나


오빠와 동생을 위해
보증 섰던 어머니는
대궐 같던 집을 잃고


외삼촌과 이모는
인천과
서울에서
건물주로 산다.

## 저항

유치원 문 사이에 끼여 다쳤던 손가락에 *갱글리온이 같이 자랐다.

연필을 쥘 수도 없는 통증으로 손가락 수술을 받은 막내는 중간고사를 안 봐도 된다는 부모 말에 오히려 엄마 아빠를 기쁘게 해 드려야겠다며 올백으로 전교 1등을 했다.

수술실 앞에서도 참았던 눈물이
봇물 터진 둑처럼 흘러내리다
엉엉 울어버렸다.

몇 년이 흐르고
운동장에서 축구를 하고 온 아이는
어느덧 소파에서 잠이 들었다.

자기 영역에 버티고 잠든 아이를
안아 옮기기에 역부족인
소파돌이 남편은
잠든 아이의 얼굴을 간지럽힌다.

손으로 거둬내고
팔로 휘저어도 계속되는 접촉에
잠결에 내지른 한마디
"에이, 씨발-!"
….


얼어버린 우리











* 갱글리온 : 신경절. 흔히 손등에 생기는 결절종.

## 인과응보

만지면 몽글몽글 솟아나는
엄마의 젖은 동생 차지였다.

아가처럼 안기고 싶은데
부산으로 보낸 어머니
큰이모의 가슴을 주물렀지만
다른 감촉 다른 온기

엄마 내음이 그리워
이모 품을 파고들어도
익숙해지지 않는 내음

그리움이 사무쳐
먹어도 배부르지 않고
가슴은 더 텅 빈

21세기
하루, 한 달, 일 년
울리지 않는 엄마의 전화

고장 난 건 아닌지
톡톡 두드려보니
밝아지는 손 전화기

## 귀곡성 펜션

잠들지 못하는 시간
위층이 없는 무안 바닷가 펜션에서
물소리가 들린다.

비님이 오시나 하여 커튼 속으로 들어가 보니
별님이 가까이 있다.

쒜애액 쒝!
소리는 그치지 않고
문으로 다가가 손잡이를 잡다가 놓고

새근거리며 잠든 아이를 위해 발끝으로 돌아와
책을 든다.

어둠은 머물러 있고
내일을 준비하는 아이와 함께 잠을 반기려 해도
더 크게 들리는 소리

문을 열었다.

대나무 숲이 허리를 굽혀 인사하고
바람은 더 깊이 더 자주 하라
재촉한다.

## 희망

땅이 갈라지는 가뭄을 견디고 맞은
금쪽같은 비 온 뒤
화사한 햇살이 품은 무지개를 품에 안으려
두 팔을 벌린다.

마음과 몸은 최고를 향하지만 늘 모자라
하루만 더 참아야지 다짐하며
새로이 맞이하는 아침

고뇌를 먹고 사는 두통을 쫓지 못하고
가슴이 저리고 숨이 막히는
고통의 끝을 기다리며

너와 나의 꿈이
같은 모양 다른 색깔이어도
두려움에 움츠리지 않고
같은 곳을 바라보는 것은

눈이 내리고
<u>흐르고</u>
다시 얼어버린
그 시린 계절을 보내고 맞이한
함께 거둔 시간의 보물을 기다리는 까닭이다.

## 기억의 혼돈 속에 갇히다

바람 앞의 촛불처럼
수원 연화장을 나서는 어머니의 뒷모습이
망망대해에 떠 있는 뗏목 같아
나란히 발걸음을 옮겼다.


별일 없던 일상은
잠시 태풍의 눈이었음을
혼절한 어머니를 병원에 모시고서야 깨달았다.


기억 속에 병원이 호텔이고
간호사는 경찰관이 되어버린
어머니의 일상
동생도 제부도 남이 되었고
아들도 손자도
누구로 변한
어머니의 기억을
정리할 수 없는 막막함

## 만약에

벚꽃잎 날리는 인도는 도로보다 반 뼘쯤 높고
아늑한 집에 가는 아파트 현관 계단은
한 뼘쯤 높은 부모님 아파트.

당뇨와 혈압이 높았던 아버지는 근무 중 스트레스로 인한 뇌졸중으로 쓰러져 온몸이 마비되고 자유로운 거동을 꿈꾸며 재활훈련 받은 반년 뒤 지팡이에 비뚤어진 힘을 실으며 회사에 나가셨다. 따가운 눈총과 거울에 비친 익숙지 않은 모습에 방황하다 돌아갈 수 없는 명예퇴직서를 냈다.

이른 아침상을 물리면 노오란 개나리꽃에 설화가 필 때까지 하루도 거르지 않고 바람을 벗 삼아 산책을 나가셨다. 더 건강해졌다 큰소리 탕탕 치시며 자신하시더니 삐뚤빼뚤 옮기며 걸어 온 18년 봄날 오후.

진달래보다 발그레 볼을 물들이는 약주 한 잔 드시고
꼿꼿한 자존심으로 거들떠보지도 않던
안전 보행로 옆 계단을 오르다
미끄러져 부딪힌 머리.

부서진 건 아버지의 삶이었다.


함몰된 머리를 끌어안고 응급차에 오르는 어머니의 파란 얼굴
온통 부은 머리로 하루를 함께 하지 못하고
유지도 받들지 못한 자식들 마음에
휑한 구멍 뚫어 놓고 가셨다.


삼우제가 지나고 현관 앞 계단을 오르려니
보지 못한 장면을 보는 허탈함으로
하지 못한 하고 싶었던 일
아쉬움으로 가득한 20년을
가슴에 안고 살아야 하는데
참견 못 한 둔함이 가슴을 친다.


꼿꼿함보다
안전지향安全志向이
습이었다면
얼마나 더
함께했을까?

## 마음 수련

아버님 봉안당에 모시고
슬픔을 삭이려
모두가 불 낙지를 먹으며
온몸으로 울었다.


"가족이니까 모두 모여야 한다. 명절이나 제사도 빠지지 말고, 어머님을 위해 유산을 간편하게 정리하겠으니 상속 포기 각서를 써라." 형이 말했다.


안부 전화 드릴 때마다
힘없는 목소리로 건성인 어머니
걱정되어 먼 길 한숨에 달려가 보니
집문서도 통장도 모두 갖고 간 후 오지 않는
소리도 소식도 없는 둘째 아들과 며느리


갈 곳은 한 곳이라 되뇌는 어머니
아버님과 살아온 이야긴 그리하고 또 하시더니
자식 일은 삼키고 삭이신다.
생신에도 연락이 없고
추석에는 처가 간다고 오지 않고
설날에는 외국 여행을 가서 한국에 없는 그들.

발길을 돌리고 마음을 접는 일은 쉽다.


혈육이어서
더 용서가 어려운
분기탱천한 사람을 보며
용서를 구하러 오길
문 열고 기다리는 일이


내가 넘어야 할 산이다.

## 이별離別

석양에

못다 한 이야길 담아

수평선에 보내고

오래도록

그리울 서러움으로

눈물 꽃을 피운다.

## 산은 그곳에 있다

두근거리며 오르던 길목
첩첩산중 그 험악함도
턱에 차오르는 숨 막힘도
꼬옥 잡고 오르던 열기에
눈 녹듯 사라졌다.


연기를 바라만 보아도
끓어오르는 눈시울
발길을 돌리려니
깜박임조차 아쉬워
고개가 돌아가질 않았다.


옷만 바꿔 입었을 뿐인 산
마음을 바꿔버린 인간
산은 지금도 그곳에 있는데


떠나버린 부모님은
부서진 낙엽처럼
바람 타고 날아간다.

## 산길

아버지를 그리게 하는 바람과
어머니 품처럼 따스한 햇볕
형제처럼 우뚝 선 나무


나뭇잎 사이로 드는 햇빛을 별빛처럼 나누고
쌉쏘롬한 찔레꽃 향기 속에
현실을 떨치고 나비같이 날아올라
태양 아래 나래를 편다.


엉킨 실타래 같은 일을 안고
산에 와도
점점 가벼워지는 발걸음


산바람에 밀려가는 일상
돌아서도 되돌아가지 않는
내일을 위해
걷는 길

## 마음 안의 이야기

코끼리
사자
용
구름이 시시때때로
다른 모습으로 나타나고


붉은 태양이 떠오르고
노을이 지고
가슴까지 뜨겁게 물든 365 계단 앞 바다


어둠이 깊어지면
돋아나는 두려움에
작은 빛 한줄기라도
희망인 듯 좇았더니


비와 바람에 씻길 길이
글로 태어나고 자라고
사라지는

## 어떤 기다림

순간순간
같은 바람은 없었다.

꽃샘추위를 몰고 오는 봄바람부터
바다를 뒤바꿔 놓는 여름 태풍
열매가 익도록 묵직한 무게를 지닌 가을바람이
가지를 흔들고 지나가도
나무는 제 자리에 서서

서리가 내리고
눈이 내리고
땅이 얼고
다시 녹고
또 내리고
얼고

따스한 햇볕은 콘크리트 벽을 따라
잠시 기웃거리다 멀어져도
나무는 묵묵히
긴 겨울이 지나가길 종종거리며

내일은
볕이 몇 초 더 길 것을
고대하고 기다리며
버티는 밤

## 받으셨나요?

곡우가 지난 봄날


비바람 막으라
겉옷 벗어준
아슴아슴 어리던 그대에게


연분홍 진달래 활짝 핀 편지지에
하얀 팥배꽃 향기 물들여


지난겨울
추위를 수놓아
바람에 띄워 보냈습니다.

## 명약

가슴에 타오르는 불
한 잔으로 적실까
머리에 오른 열
한 병으로 식힐까


마음에 들어앉은 일
잔이 닳도록 붓고 또 채우니
태풍이 휩쓸고 간 듯
귓전에서 끊이지 않는 이명이 잠자고


입술을 파르르 떨며 나오려는
흰소리 한 마디 삼켜
떨어지는 유성 하나 병목에 걸터앉혀
주거니 받거니


휴~
막혔던 숨이
술술 길을 연다.

## 바람

옷깃을 여민다


공중에선 하얀데 내 손에선 투명한 물
푸르디푸른 하늘이 좋았는데
변해버린 회색


황금 융단을 바라보는 마음은
어떤 두근거림일까?
빛나는 계절을 잡을 수만 있다면


가는 시간은 잡을 수 없지만
떠나려는 그대를 잡을 수 있지 않을까

함께 있을 땐 몰랐다
이렇듯 가슴이 베일 줄

## 순례

가슴에 자리 잡은 별이
보이지 않는 길을 가는 새벽
꼬불꼬불 사색의 길 돌다 머문
문이 없는 방 안에서
해를 먹은 숨 쉴 수 없는 아픔보다


온정이 그리운 밤

## 편지

그대가 곁에 없어 가슴 시린 밤
서글서글한 그대 눈 안에 내가 보일 때
가슴에 화로를 놓았지요.


시린 손 꼬옥 잡아주던
그대 온기가 없어
가슴에 얼음 조각 새기며


화로 위에
그 조각 올려놓을 날
또 있을까


기다리는 마음을
바람에 실려 보내요.

# 제2부

## 벼락 후유증

## 아침 풍경

가을 들판처럼 넉넉한 옷을 입은 *오드리
불룩한 배로 조심조심 걷던 모습을 본 며칠 후
깨앵깨앵 부르짖더니 식구가 여섯이나 늘었다.

간밤에 울부짖던 바람 소리가 잠잠하여
남원주 중학교 앞 동산을 가던 새벽
오드리 집 앞엔 얼어버린 물통과 마른 사료
출산의 기쁨도 일상에 묻혀 있는 오드리

산에서 기울어 가는 해를 보듯 걸음이 빨라졌다
주려고 마음먹으니 못 줄 것이 없다
부글부글 끓는 솥을 눈 위에 올려 휘휘 저었다.

고소한 향기에 젖을 문 강아지를 달고 나온 오드리
배가 볼록한 눈도 못 뜬 강아지가 애앵깽거린다.
꼬물거리는 강아지를 집 안에 넣어두고
김이 모락모락 나는 그릇 앞에 코를 대고
혀를 대다 말고 고개를 푸르르 떠는 오드리

나뭇가지로 집어주는 고기를 덥석덥석 삼키며
꼬물거리는 강아지를 희끗희끗 바라보다
벌떡 일어나 집 뒤를 뱅글뱅글 돈다.

민망함을 아는 걸까
등을 보이고 일을 보는 오드리.

묻지 않아도 말하지 않아도 빈 웃음 한 번 나누면
지나가 버리는 머쓱함
착착 소리를 내며 동그랗게 먹는 모습에서
경험이 주는 지혜를 가진 어미의 모습을 본다.

따뜻한 음식을 오랜만에 먹어서일까
보는 눈길이 따가운 걸까
먹다 말고 푸르르 온몸을 털고, 먹고
그 단순한 반복이
평화롭다.

인사를 하듯 한 번 눈을 맞추더니
불어나는 젖을 출렁이며
입구를 등으로 막고 강아지를 품는다.

어린 생명을 보살피는 그 행동이 뭉클하게 다가오는
\*\*은색의 이른 봄 아침
놓아둔 넋을 챙겨 반복되는 하루를 시작한다.


\* 오느리 : 잉글리쉬 코커스패니얼 믹스견으로 다세대 이웃 청년이 키우는 개.
\*\* 원주는 4월에도 눈이 펑펑 내려 도로변 모래주머니를 5월에 치운다.

## 미련

시간을 빼앗긴다 여겨


눈을 깜박이며
잠을 쫓으려
오락가락, 끄덕거리며 붙잡은 일


하루 이틀이 지나자
혼미한 마음을 아랑곳하지 않는
몸이 아우성치자


파도에 배를 맡기듯
눈을 감으니


거꾸로 가는 하루

## 문명

좁은 틈으로 들어오려고
쉼 없이 흔드는 비바람에
어둡고 긴 밤이
제자리를 벗어나지 못하고

여명이 다가오길 기다리며
뒤척이다
손전화를 들고
보고픈 이
카카오스토리를 노크해도 되는

새벽에 찾아가도
잠을 깨우지 않고
한 달
일 년
혹은 십 년
번호 주인이 올렸다 내리는
기록의 장이 펼쳐지고

잊었던
함께 한 시간 속 주인과
문자를 주고받으며
끊임없이 보고 보여주는 세상.

## 자원봉사자

달동네 언덕을 오르다
숨을 고르려 고개를 들면
온 것보다 더 남은 곳에 자리한
할머니의 화단

빨간 고추 무르익은 사과 상자에
돌나물 팔 뻗어 강강술래 돌고
자줏빛 노끈을 휘감은
노오란 옷 입은 주먹만 한 호박

떨어지는 씨앗이 보금자리 트라고
화분 한 귀퉁이 남겨 놓고
돌아오는 아이 편히 오라고
마음 한 귀퉁이 비워 둔

별보다 어여쁜 아기 6.25로 잃고
보릿고개 깊고 높아 밥보다 더 눈물지었던 새색시
먼저 간 임 그리며
기쁨이던 아이 갈 길 떠난
홀로 판잣집에 남은 할머니 *클라이언트

허리가 굽도록 키운 자식
아들인지
딸인지
가슴으로만 말하며
들려주신 말씀
"모두 주지 말고, 네 것은 남겨 두어라!"

계절보다 긴 아픔
주름보다 많은 기다림에 지친 나날
구름 타고 여행가실 이야기 나올까 겁이 나
강녕하시라 우물거리고

눈을 보며 '또 올게요.'
손잡으며 '아프지 말고 지내세요.'
꼬옥 안으며 '오래 사세요.'
목이 메어
소리 없는 인사드리며
숨죽여 눈만 깜박거린다.

나누려고 와
외려
가슴에 가득 담아 가는 길

* client [kláiənt] : 의뢰인, 고객, 사회복지사의 도움이 필요한 대상을 일컬음.

## 깃털

날고 싶은 욕망을 꿈꾸다
날개가 있어야 허공을 가르는
진리와 맞닥뜨려 고개를 숙였다.

넓디넓은 중국 땅
공장처럼 지어진 사육장
매끄럽고 보드라운 털 얻으려
사각 틀 안에 몰고
사료 속에 호르몬 약을 넣어
생명에 대한 예의도 없이
폭력으로 목숨을 앗는다.

고통 없이 눈 감길 약도 아끼고
단칼에 벨 칼날도 아껴서
마음에 검은 벽돌 한 개씩 쌓고 있는 그들

지구온난화로 봄날 같은 겨울을 보내다
한두 번 찾아오는 한파에
모피코트를 사고
무스탕을 사고
온갖 거위 털이 뭉쳐지고
오리털이 비집고 나오는
옷을 사라고 외친다.

조금 오래된 옷을 속에 입고
어깨가 시리지 않을 스웨터를 덧입고
길을 나설 용기가 있다면
원하지 않는 공간에서 탈출을 꿈꾸며
꼬리를 말고 절규하는 동물이 줄 텐데

푸른 나무 사이를 뛰놀고
맑은 강을 헤엄쳐 건너며
옹기종기 모여 함께 어울릴 텐데

옷걸이에서 떨어진 깃털 하나
의식 없던 시절을
부끄럽게 하는 오후

## 기대

냉장고 소리도 잠든 새벽
멀리 달아난 잠의 꼭지를 잡으려 내달렸지만
마음은 찾아올 문우를 맞이하고

강원도 추위에 익숙할 만도 한 스물두 해
오늘 밤은 유난히 가슴이 시려
이불을 말아 안아보고 조끼를 덧입어도 그대론데

비도 눈도 미세먼지도
모두 바람이 붙잡길 바라며
그리운 이 오는 길, 꽃길이길 빌었다.

잠!
그까짓 거 안 자도 될
호기 부리기엔 고갈된 체력
글을 짓기에 늦은 시각도
이른 시각도 아니어서
딱 좋은 때

컴퓨터 앞에 정좌하지 않아도
노트북을 끌어안지 않아도
손전화 하나면 모두를 만나는 세상
스물두 해 지나면 또 어떤 세상을 맞을까?

## 여행

태양이 달군 공기의 뜨거움이
붉은 여름빛으로 남고
숲은 각기 다른 초록으로
바다는 인간의 삶에 따라 변해
세상 속에서 머무는 우리의 빛은
하얀 겨울


있어도 없는 공기처럼
그릇의 모양에 맞추는 물같이
삶은 우리에게 맑은 기운을 남겨 놓고
바람이 모는 대로
햇살이든 그늘이든
맡기고 따르라 이끌지만


같이 한 시간만큼
말하지 않아도
마음으로 보는
시간이 그린 지도

## 사랑이란

기다림은
그리움을 가진 이가
안고 사는 일


보고픔은
그리움을 안겨준 이가
주고 간 설움


가슴앓이는
추억이 만들어 놓고 간
조각들의 몸부림


눈물은
하얗게 변한
가슴의 재


사랑은
멀리 떠나가
어디에도 없는데

그리움은
눈길이 머무는 곳마다
피어오르고


기다림은
마음을 묶어 놓은
풀리지 않는 끈


시간이 흐르면
굶주림에서 오는
허기처럼


다시
그리워지고
보고파지는 굴레

## 벼락 후유증

2015, 2016, 2018년
옆에서 뒤에서 내게로 돌진해 온 자동차
잊으려 해도 갑자기 달려오는 차를 보면
간이 사라져 버릴 것 같은데

낮술에 나를 들이받고
뺑소니 3일째 잡힌 남자
고속도로에서 핸드폰 조작하다
우리 차를 폐차시킨 남자
다리에 깁스하고 운전하다
브레이크를 못 밟은 군인

주중에 두세 번은 꾸준하게 물리치료를 받아야
허리와 어깨를 되돌린다는 주치의의 처방을
아플 때는 곧잘 듣다가
아픈 게 익숙해지면
나은 게 아님을 알면서도
자꾸 꾀가 난다

추워지는 날씨에
삐걱거리는 여기저기
왠지 팔이 유난히 아프면
꼭 비가 오는
날씨 예보 몸


바쁘다는 핑계로
달을 건너뛰어 만난 주치의
벼락치기는 십 대 때나 가능한 법
지천명을 아느냐는 물음에
그의 말소리는 점점 멀어져가고


되뇌는 공허한 울림
벌써
내가?

## 숫자 공원

A21, B103, E67

나를 알면서 숫자를 외운다
한 번, 두 번 길 잃은 아이처럼
같은 기둥 다른 기호
그 사이를 걷다가 뛰면서


날이 바뀌면
자리마저 바뀔까
찍기 시작한 사진
그 손전화를 품에 안고


매캐한 냄새에 숨을 참다가
오히려 폐 깊숙이 들이마시고
공룡이 지나가듯 쉭쉭거릴 때
눈마저 따끔한 채 서두르는데

여기저기 푸른 눈빛 깜빡이고
서두르는 발길을 비웃듯
살찐 고양이가
느긋한 걸음을 떼며 바라본다.


밤은 새로운 정리를 시작하는데
바뀌지 않을 자리 중에
남겨진 자리 하나
눈길 닿는 곳에 남아 있었으면

## 외면하다간

코끝이 시리고
입김이 눈앞을 가리는 소한 추위


*10세 고개
20세 고개
언덕을 넘고 넘어
아침 운동을 마치고 집으로 가는데
아파트 1층 현관에 작은 쥐가 쪼그려 있다.


아이들의 비명과 여인의 자지러지는 외침
남자도 윽 외마디 소리를 지르며 피하고


콘크리트 벽 그사이에 홀로 떨며
도움을 청할 식구를 부르지도 못하는 생명체


병균을 옮기던 종족의 과거가 있고
상상을 초월하는 번식력에
더럽다, 징그럽다 고개 돌리며
덫을 놓고 약을 놓아 잡았었는데

살길을 찾아 세를 늘리고
종량제봉투를 헤집고
음식물 쓰레기통을 갉아대다
추위를 피해 들어왔겠지


계단을 오르내리다
문이 열리면
쏜살같이 들어가
구석 구석에 숨어
새끼를 낳고
벌집을 쑤셔놓은 듯
아파트를 들썩이게 하겠지


나만 피하면 될 거라 여겨
도망가고 눈을 감는다면
쥐랑 동거 하게 될 거야




\* 10세 고개 : 원주시 행구동에 10세부터 100세까지 있는 고개.

# 욕객

한밤을 한숨에 잘 수 없게 된
날이 이어지고
뒤척거림은
어깨 아픔을 피하기 위함인데

점점 잠이 달아나는 밤
별빛에 가로등 빛 모아
찾아 나선 ㅇ온천

뽀골파마를 한 회색 머리의 할머니 한 분과 나
몸을 씻고 탕으로 들어가려는데
발만 담그고 멍하니 계신 어르신

'어디가 편찮으신 걸까?'

문을 연 지 반시간도 안 된 새벽
영하의 추위가 아직 떠도는데
한기를 느끼지 못하는 듯
발만 담그고 계신 할머니

탕 주위를 오리걸음으로 한 바퀴 돌다
벌떡 일어났다

둥둥 떠다니는 무언가를 보려는데
하얀 물거품이 뿜어져 나올 때마다
작아지고 작아지는

망연자실한 욕객을 바라보다
멈칫 온탕을 바라보다
주인을 부르러 가다 돌아와

대야를 들고
백팔 번쯤 물을 퍼냈다.

주인에게 물을 버리라 않고
아픈 팔로 퍼낸 건
어쩌면 수십 년 뒤
나의 모습일까

멍하니 앉아있는
초로初老한 여인의
절망이었을까

# 용기

수첩을 꺼내 보듯
손전화로 하루 일정을 살펴보고
통화하듯 소리 없는 대화로
단체대화방, 밴드나 페북, 인스타로
그들 삶의 이야기를 보아주고
'좋아요'를 날린다.

요리를 앞에 두고
함께할 가족을 떠올리기보다
요리조리 사진 찍어 올리고
음식은 식고 굳고….

온전히 즐길 식욕을 식전행동에 빼주고 나면
먹어야 할 양보다 더 먹어도 차지 않는 허기
많은 걸 나누어도 늘 외로운 현대인

가져도
만져도 언제나 빈 마음
하나만 버려볼까?

스마트폰!

# 흉터

이지러진 손목


억울함을 풀 길 없어
속에서 요동치는 천둥이
팔로 뻗쳐 나와
보여도 보이지 않는 세상을
내리쳤다.


비 오기 전
욱신거리는 알람처럼
세월이 삼켜준
아픈 기억


시간이 흘러
기억은 가물거려도
몸에는
선명하게 남아 있다.

# *로봇 각시

하고 싶은 일이 달라진다.

지나온 시간보다
남은 시간이 길지 않아
초조함을 가슴에 담아두고서
찾는 너

나를 위한 몸부림
그 숨소리가 다정하여
장애물 앞에 버둥거리는 널 보듬어
산을 넘긴다.

낭떠러지 센서는 졸인 내 마음을 비웃듯
넌 바랑바랑 곡예를 하고
지켜보는 이의 눈길을 아는 양
이곳저곳 휘휘 돌아 내게로 온다.

네게 주는 밥은
향기 없는 청정에너지
힘들고 허기짐을 빨간 윙크로 날리며
관심을 기다리는 너

발명이 주는 혜택으로
내게 다가와
텅 빈 집을 지키며
투정 없이 기다리고
반복되어 쌓이는 먼지에
망설이다 움켜쥐는
시간을 벌어주는 각시


네 고단함을 염려하지 않고
투정 부리지 않는 굳셈을 잊어도
잊음에 대한 죄책감 없이
마음 편히 곁에 두는


그렇게
희망을 안고 온 로봇 각시


\* 로봇 각시 : 물걸레 로봇 청소기에 붙인 이름.

## 잠을 버리는 어리석음

아늑하던 공기가 답답하다.
어둠이 두려워
한 발자국도 나서지 않더니
어느새 찾아온 빛을 맞으러
포근하던 온기를 떨치고
해 오름을 반기려 나선다.


밤을 쉼으로 보내지 않고
오래 기억지도 못할
몇 줄의 글에 취한
바보 같은 어리석음을 뿌듯해하며
다가올 졸음과의 전쟁은 접어두고
겁 없는 걸음을 내디딘다.


불빛의 뜨거움은 생각도 못 하고
빛만 보고 달려드는 불나방처럼
거침없이 세상에 뛰어드는
만용을 언제까지 부리려나

## 입동

불룩하다.

울퉁불퉁
무엇이 들었을까

손수건, 명함, 사탕
시린 손 넣을 공간도 없이

입김에 호호 불어도
금세 시린 손

괜스레 부아가 나
모두 꺼낸다.

저 혼자 들어가니 널찍하나
왠지 허전해 꼬물거리는 손가락

찬바람이 몰고 올 허전함
비어서 더 추울 계절

겨울이다.

# 성장

열두 해다.
놀토와 갈토를 넘나들다 온전히 쉬는 토요일이 되어서도 나는 토요일에 가족을 남겨 두고 독서회 친구들을 만나러 도서관에 간다.
어린 친구들과 만나며 생긴 지구를 지켜야 한다는 사명에 4층까지 걸어 올라간다. 헉헉거리는 숨을 가누며 독서회실 문을 열면 삼면이 유리로 된 환한 방이 반긴다. 일 분, 이 분, 삼 분이 지나며 한 친구, 또 한 친구 모여든다.

ㅁ이는 부지런하다.
ㅎ도 질세라 성실하다.
ㅇ이는 좋은 것을 같이 나누는 훈훈한 마음을 가진 예쁜 소녀다.
ㄴ이는 k-pop 가수 이야기만 나오면 한 옥타브 열정적인 목소리로 변한다.
ㄱ이는 약속을 잘 지키는 소녀다. 한 번도 책을 읽어오지 않은 날이 없다.
ㅈ과 ㄷ이는 쌍둥이 형제 같은 친구 사이다. 만화책을 좋아해 틈만 나면 즐겨 읽는다.
허스키한 목소리가 매력적인 ㅂ이가 책을 읽을 때 나는 듣는 행복을 누린다.
ㅅ이는 정성스레 글을 쓰고 글에 재미가 있다.

부끄러워 고개를 숙이던 친구들이 스스로 생각을 말하고 다른 생각에 의문을 제기한다. 책장을 넘기듯 커가던 그들은 자의든 타의든 책 읽으며 즐거움을 나누는 원주교육문화관 어린이 독서회 회원이다.

\* 놀토 : 학교에 가지 않는 노는 토요일.
\*\* 갈토 : 학교에 가는 토요일.

## 눈보라

소복소복 조용히
달빛이 키우는 정원처럼
뽀오얀 자작나무에
하얗게 꽃이 피었다.


어둠을 몰아내는 빛이
손끝을 스치고
차가운 바람이 날릴 때


힘을 빼고
두 손을 벌리면
지나온 시간으로 돌아갈 것 같은


볼을 에고
가슴을 서늘하게 스치며
흩어지는 그리움

## 시 낭송

빛의 속도만큼 스쳐 가는 생각을
하나로 모으는 마음의 파장.

다이너마이트를 품은
온몸의 두근거림을
미소로 끌어안고

시 낭송에 집중하는
빛나는 눈동자와 교감하다
시를 잃어버릴까
한곳 무생물을 바라보며
숨 가쁘게 엮어낸 기억에
생명을 불어넣는데

소담스레 엮은 눈빛은
뱅그르 돌아
스키마로 춤추며

공들여 빚은
시의 향기와 더불어
시나브로 시에 젖는 순간

## 숲을 거닐다 보면

거센 바람에 줄기가 꺾이고
찬 서리에 가지가 얼어도
포기하지 않고 버티면
새순은 돋고

마른 가지에 물이 올라
초록의 잎사귀가 하늘을 덮을 때
영원할 것 같은 착각은 금물

다음 세대를 위해
붉게 물든 옷을 벗어
부서지고 스며들어
영양분이 되어야 함을

흰 눈이 덮은 산에
걸어간 발자국이
길이 되고

두꺼운 얼음을 뚫고 흐르는 물소리는
흐르는 것은 생명이 있으니
새 세상을 얻으라
들려줍니다.

## 불청객

수수꽃다리 향기 붙잡으려다
아쉬움을 세월에 넣어 두고
집필실 문을 활짝 열었다.

수백 대의 자동차가
뿜어대는 매연과 소리는 지우고
정향나무 향기만 들이고 싶은데

긴 다리 가진 산모기 두 마리
청하지도 않았건만
책상 위에 앉았다
커튼 사이로 숨고

파리채 휘두르다
숨을 곳만 알려줘
뿌리는 모기약으로
푸쉬식 뿌우쉬쉬

콜록콜록
글 한 편 못 짓고
쫓겨 나왔다.

## 방황

구름 사이로
태양이 숨바꼭질하는 새벽


황금빛 다리 긴,
엉덩이의 흰무늬를 꼬리처럼 흔들며
달려가는 노루 따라
되돌아온 출발지


다시 걸어도
그 테두리를 벗어나지 않는 길
되돌이표 악보를 연주하듯
끝나지 않는


가쁜 숨 몰아쉬며
낯선 꽃향기 따라
돌고
또 돌고

어느새
바다 내음과 함께
퍼져버린 운무


심장보다
더 두근대는 마음을 가다듬고


한 그루
열 그루
숲을 지나 돌아온

## 글 짓는 시간

거미줄처럼
가로등 불빛이 그물을 친
새벽 3시


차이콥스키의 비창이 나뭇잎을 흔들고
밤과 새벽의 경계선을 넘어
활자의 숲을 거닌다.


꿈은 걸터앉으려 하고
생각은 내달으려 나아가고
시간에 밀린 창은
닫히려 하는데


얽히고설킨
욕망의 실타래는 풀리지 않고


멀리서 울리는
자동차 경적보다 큰
시계 초침의 진동

그보다 느린
생각의 끄트머리


모래더미에 알을 낳으려
느릿느릿 바다를 등지는 거북처럼
사색의 산과 내를 지나


다시 빛 그물
그 사이로 돌아온

## 잠을 깨운 거짓말

왜애앵 왱
어둠을 가르는 소리
새벽잠을 깨우며
구급 소방차가 밝히는 밤


첨단장비가 찾아낸 목적지
그러나 텅 빈
달빛도 찾아 나섰지만
숨은 사람


외로우니까
살고 싶다고
살려 달라고 부른 것일까


긴박한 마음에 초를 다투며 출동했어도
꺾이지 않은 한 생명에 안도하는
유리창 너머 액자처럼 보이는 소방관


그가 누구든
양치기 소년이 되지 않길

## 기도

태풍이 지나고
하늘은 비단을 덮은 듯
맑고 푸르른데


서슬 퍼런 한을 품던
눈부신 희망을 보듬던
그 달님일까?


바람 소리 들리는
고요함을 놓칠세라
꼬옥 잡은 손
물 주듯 말해보고
바람 주듯 쓰다듬고
햇빛 주듯 달빛에 선보인 소망


너와 나
희미한 점일지라도
스며들고 싶은 간절함

## 일상

해돋이부터 비바람이 불었다.

막으려 애쓴 나무도
줄기가 꺾이고
노란 양지꽃마저
빗물에 쓸려 흙탕물에 흘러가고
내를 지나 바다 건너
해를 기다리며 지낸 궂은 날들

젖은 옷을 말릴 온기도 없이
가슴 막히는 먹먹한 공간 속에서
검은 구름이 내려앉은 순간에도
끝을 선택하는 건 비겁한 일이기에

감각이 무뎌진 손을
얼어버린 가슴에
모을 힘조차 잠이 든
밤을 버티고

밝은 태양이 떠오르고
비바람이 멈추고
무지개가 뜨길 소망하며
시작하는 하루

## 인연

미세먼지 가득한 하늘에
바람이 휘휘 불어
햇살이 환한 빛을 주는 것처럼
일상에 피어난 기쁨


그녀는 멋을 알기에
같이 걸으면 발걸음이 춤추고
이야기를 나누면 흥얼거리고
편지를 받으면 글을 쓰게 한다.


해변의 마른 모래를 밟고
물 빠진 바닷가 개펄에 빠지며
내 삶이 허우적거릴 때
엉킨 실타래 풀 꼬투릴 찾아


산을 오르고
물소릴 들으며
눈을 감고 햇살을 감싸 안을
자유를 일깨워준 가인佳人.

# 제3부

아름다운 동행

## 말에도 있는 향기

가끔은 일부러 욕하는 할매를 찾아
욕먹으며 밥을 사 먹는다는데
난 숟가락을 놓게 된다.


청개구리 무늬를 보이지 않게 숨겨놓은 유전자로
같은 소리를 두 번 이상 듣는 건
메마른 하천에 거품이 이는
구정물을 보는 느낌이어서


무궁화 꽃잎 떨어지듯 한 번 듣고 잊어도
해바라기처럼 기다리고 바라봐주기를 소망하는 건
이기적일까


*"사람아! 입이 꽃처럼 고와라."


백 년을 모으고 모아 이르신 말씀
우리 곁에 머문다.


* 후백 황금찬 시인의 시 "꽃의 말" 중에서.

## 위로

층층이 쌓인 탑처럼
튼튼하고 멋스럽게 자란 길상이.

달도 없는 어둠처럼
일제 강점기가 영원할까

불씨를 모으는 독립운동에
빛을 발견한 듯 서둘렀으나
높아만 가는 힘든 낭떠러지

투둑 떨어지는 무궁화처럼
고향을 등지고 살아온 날이
바람에 몰려다니는 모래 같더니

이 년
삼 년
오 년을 살지 못하고
이사 다니는 난

하나둘
스무 권
서희가 울면
\*토지 속으로 들어가
통곡한다.

\* 토지 : 고 박경리 작가의 대하소설.

## 초록 만담가

숲에 들어서면
그는 바람에 날리는 풍선 인형보다 더 크다.


*구학산 둘레길
굽이마다 늘어선 작은 풀잎
하나하나 이름을 불러주고


산초 잎을 모자에 꽂으면 벌레가 끼지 않고
오미자 잎과 열매를 어디에 쓰는지
입이 달 때 걷던 걸음을 멈추고
붉거나 검은 산딸기로 입가심하고
마카다미아보다 고소한
개암 열매의 맛을 알려준 그.


집게벌레가 썰어 놓은
가지를 주워들어
오랜만에 만나는 평상마다 쓸어
동행을 앉게 하고
명랑한 목소리로 세상 이야기를 풀어놓는 그.

소나무 줄기를 타고 오른 송담의 약효 이야기는 마치 전설을 듣는 듯하고, 머루 다래 열매와 줄기의 향이 숲을 찾은 고됨을 보상하듯 풋풋하다.


중복 더위에도
강원숲사랑회 탐방에 함께 하는 건
모두 편안하고 즐거운 친구지만
숲에 들어서면 만물박사로 변하는 ㅈ.


그분의 이야기로
초록 숲에서
가을이면 노랗게 물들 고로쇠 잎을 상상하고
봄에 피었던
노오란 생강나무꽃을 떠올리는 즐거움에
도심에서 쌓은 피로를
바람에 맡기고 오는 개운함.


그 끊을 수 없는 초록 만담의 중독성.


\* 구학산 둘레길 : 원주시 신림면 구학리에 위치.

## 북에서 온 손님

상트페테르부르크보다 가까운 동토의 나라에서
흰 눈이 소복이 내린 하얀 계절에
피보다 붉은 옷을 입고 나란히 나란히
그러나 빛바랜 색종이 같은 웃음을 흘렸다.


2018 동계올림픽을 응원한다고
서울, 강릉을 거쳐 원주 치악체육관에 와
같은 옷을 입고, 춤추며 노래 부르는데
초등학생 학예회 보는 눈길로 보낸 40분


아이 어른 모여 앉아
가족이 북에 있든 없든
그저 손뼉 치며 잘한다고 외치고


기억의 꼭지가 스르르 풀리듯
모두 "통일이여 오라" 노래 부르다
눈시울을 훔치고 먹먹한 가슴을 가눌 길 없어
떠나는 그들에게 손을 흔들고 흔든다.

## 2020년 어느 날

햇볕이 주는 따사로움이 그립던 날
*비말로 옮기는 우한 폐렴을
코비드 19라 명명하며
비누로 손을 씻고
입을 가리고
코를 막는 일이 숙제가 되었다.

스콜 같은 비가 종일 내리다
국지성 폭우가 내리는 장마에
씻겨 갈 거라 기대했던 균은 더 창궐하고
텃밭에서 녹아내리는 상추를 아쉽게 뒤로 한
거리두기가 배려인 2020년 여름

외식도 배달 음식도 주저하다
마스크를 쓰고
풍물시장을 찾았다.

가을이 지나 겨울이 오면
변종이 나타날 거라는 소문을 흘리며
장을 보다

여기저기
마스크를 벗은 사람들이 떠드는
골목을 도망치듯 나왔다.

---

* 비말飛沫 : 기침이나 재채기를 할 때, 또는 말을 할 때 입에서 나오는 작은 물방울. 공기를 통하여 다른 사람에게 병원체의 감염을 매개할 수 있다.

## 어른

어깨 통증을 고치려 시작한 수영
한 걸음 걷기부터 왕복 열 번
느긋하게 유영하는 어르신들 곁에서
참방참방 빠지지 않으려는 안간힘으로
버티듯 걷다가 조금씩 물결 따라 발을 차고
물결을 만들고


갑자기 먹먹해지는 귀
ㅅ 대학교 체육학과 수영 수업
수영장 반을 차지하고
발차기 조와 자유영 조로 나뉘어
수영장이 소리에 무너질 듯 아우성친다.


어르신이 여학생들과 이야기를 나눈다.
화장을 지우고 들어와야 한다고 가르치는데
삐죽이는 얼굴

한 바퀴를 돌고 오니
남녀 학생 여럿에게 수영장 물은
1년에 한 번밖에 바꾸지 않는다고
모두와 학생 스스로를 위해
화장을 지우고 들어오라는 당부 말씀


망부석처럼 물에서 나오지 않는
고집쟁이와 아무 말도 하지 않는 동료
모두 그녀를 쳐다보고 고개를 돌리고
수영장에 학생들을 몰고 온 사람은
허수아비에 불과한 건지
여기저기 붙여놓은
수영장 이용수칙조차 지키지 않는
ㅅ 대학교 체육학과 새내기들


손녀뻘 그녀들에게
바름을 가르치는
어르신의 용기에
그나마 희망을 본다.

# 큰 나무

작은 씨앗이 껍질을 뚫고 보드라운 새싹이 피어나
해가 지날수록 하늘과 가까이 가지를 올리며
잎을 원하면 잎을
꿀을 원하면 꿀을
열매를
모든 것 주었다.

새는 해를 가리는 가지를 잘라주고
곤충은 수액을 빨아먹는 벌레를 잡아주니
더 많은 꽃을 피워 열매를 맺은 지 여러 해

나무가 자리를 잡으려면 다섯 해가 필요하고
가지를 늘리려면 십 년이 지나 봐야 안다는
고목 할머니 말씀 바람에 실려 오는데

혹한도 가뭄도 병충해도 아닌데
가지가 마르고 잎이 떨어져
마른 줄기를 끌어안고 눈물을 삼켰다.

새가 나무 주위를 살펴도
벌이 꿀을 마셔 보아도
늘 같은 모습 익숙한 주변이라
찾질 못했다.
땅속 집을 짓던 오소리가 투덜거린다.
뿌리가 영양분을 제대로 먹어야 잘 자라지

어찌 같은 뿌리가 서로 못살게 굴어

줄기와 잎들은 소슬바람에도 움츠리고
제풀에 떨어지기도 허기져 마르기도 하더니
끝없이 올려주는 영양분을 찾아 길을 떠나고

뿌리를 공격하던 *모방 뿌리는
제 할 일 하지 않아 말라가다
같은 모방 뿌리에 찔리고 조이다
실낱같은 생명 겨우 잇던 어느 날
살려달라고 어리석었다 머리를 조아린다.

바람이 실어 온
숲 친구 이야기에 귀 기울여
흙조차 외면한 모방 뿌리에
온기를 나누고 양분을 넣어주는 큰 나무

마른 가지에
다시 올 봄날을 기다리며
나뭇잎은 떨어져 부서지며
뿌리에 스며든다.

* 모방 뿌리 : 모양은 뿌리지만 뿌리 역할은 못 하는 뿌리(자작自作 시어).

## 착각

산다래 잎이 군데군데 꽃처럼 하얗다.

청아한 꽃은 땅을 바라보며 피어있고
수분을 도와줄 나비를 기다리는데
긴 세월 아무도 바라보지 않자
하늘 바라볼 꿈을 버리고
나뭇잎을 동색으로 만들었다.

서쪽 섬나라에 남자가 아기를 가졌다고
열리는 포털마다 깜빡거린다.

부인이 아기를 가질 수 없어
남편이 대신 시험관 아이를 가졌다고
서로 사랑하기에 가능한 결정이었고
남편은 수년 전 성전환했지만
자궁은 그대로 있어
은행에서 산 정자로
아기를 가지는 행운을 가졌다고

산다래 꽃이 수분하면
나뭇잎은 다시 초록으로 변한다.
이제 아빠가 젖을 먹인다고
포털마다 특종을 잡았다 할까?

## 망향탑

아버지를 여읜
슬픔이 마르기도 전에
삶과 죽음의 두려움을
여린 마음으로 묶어 두고
홀로 떠나는 유배流配

하늘 아래 두 태양을 겁내는 무리로
아버지 내음과 같은 숙부에게
서릿발을 받아
절벽과 강이 감싼
한 점 땅 *청령포에 갇혀

소나무조차 노산군 처소를 향해 눕자
피바람이 끊이지 않는
바람 앞에 등불인 신하들

비우고 숙일수록 더 짓밟혀
가슴에서 떼어 낸
돌멩이 쌓으며
세월을 갈무리한 **홍위

\* 강원도 영월군 남면 광천리 단종의 유배지.
\*\* 단종은 조선 제6대 왕(1441~1457, 재위 1452~1455). 이름은 홍위(弘暐)이다.

## 동병상련 同病相憐

진도 앞바다에 저무는 해를 보며
우리의 딸, 희망아!
우리의 아들, 꿈아!


통곡은 넘실대는 파도 따라 가버리고
바다를 바라보는 어깨 밑으로
바람이 온몸을 뚫고 지나는 저녁
그리움에 목멘 어버이의 비애가
붉은 비늘로 사라지고 또 자라고
안개에 싸여 떠도는 미명에
항구에 뿌리내린 기다림으로
바람도 비껴가질 못하고
멈추어 버린 시간.


잃어버린 시간 앞에서 마음을 보듬어 주고
그 고통의 끝을 엮어주고 매듭지어
새로운 해를 바라볼 용기를 나누기 위해
한나절, 하루, 영겁을 나누는 사람들

## 노추산 * 모정 탑

바람 소리처럼 슬픈 마음을
태풍 앞에 세워두었다.

먼저 떠난 인연을 소중하게 여겨
삐뚤빼뚤 모가 난 돌을 쌓으며

탑이 세워지듯
일상사 마음먹은 대로 이뤄지길 소망했다.

태풍에도 쓰러지지 않을
탑이 하나하나 자라나고

그치지 않을 장마처럼
물밀 듯이 다가오던 악운이 사라지고

다행인 건 건지지 않아도
새롭게 꿀 수 있는 꿈

어머니의 정성이 하늘에 닿았다.

---

\* 모정탑 : 강원도 강릉시 왕산면 내리리 노추산 계곡에 사시늘 삽고, 2011년 향년 68세로 세상을 떠나기 전까지 무려 26년 동안 차순옥 할머니가 쌓은 돌탑.

# 나눔

바쁜 일상을 쪼개어 달리다
멈추었던 시간을 지나
새롭게 디딘 발걸음을 멈추지 않으려
눈을 뜨면 이어폰을 꽂고 방으로 주방으로
시동을 걸면 켜지는 듣는 소설 토지와 함께
원주, 용인, 군산, 부여, 면온, 평창, 서울, 무안을 다니며
토지 듣는 책을 들었다.

서희를 만나고 길상이를 지켜보며
서로 애틋하게 사랑하길 바랐고
김 서방과 윤 씨 부인이 역병을 이기고 완쾌하길 빌며
윤보의 바름을 응원하고
용이와 월선, 상현과 기화, 성숙과 용하의 어긋남이 맞춰지길
마음을 졸이며

어머니와 함께 토지를 들으며
서희처럼 어렸던 부모님의 과거를 만나고
누구에게나 버리고 싶은 상한 생선 같은 친척
소설이 사실이었던 시대가 현실이기도 한

겁 많은 개가 먼저 짖고 무는 잔인함을
친일파 행각에서 보고 들으며
나보다 나은 시대를 살게 하려 애쓴
독립을 기다리지 않고 만들어가던 선인들

살아야 했기에 글을 썼다는
작가의 삶의 고행을 학문으로 전공한 이들과
한 달에 한 번 문학으로 물리학으로 미학으로
토지를 재조명할 때
가로등처럼 길을 밝혀준 *원주 소설 토지사랑회 선배들

원주를 떠나 통영에서 하동으로
금빛 물비늘 넘치는 섬진강 강가에
박경리 작가의 시 여행을 풀어 놓고
고소 산성에 올라 평사리 너른 평야를 바라보며
시작을 같이했듯 마무리도 함께 하길 소망했다.

책장을 넘기듯 흘러간 우리들 시간
나눔을 선사한 아름다운 선배들처럼
마음을 주고 시간을 만들어
문학이 세운 문화를 나누리라.

\* 토지사랑회 : 원주시 후원으로 박경리문학공원에서 1년에 10회 이상 토지 아카데미
교육에 참여한 전국에서 모이는 소설 토지를 사랑하는 사람들 모임.

## 맑은 빛

중복에 *양광이 **후백을 모신 식당
붉은 듯 보랏빛으로 보이는 한 접시
보는 것조차 낯설어 눈길조차 멈췄다
시선을 두지 못하고 마음에 모자이크 처리하니
있으나 보이지 않는 ㅇㅇ수육

어린 닭 한 마리 내 앞에 다리를 꼬고 누워있고
두 시간 전부터 요동치던 배꼽시계는
냄새만으로도 솟아나는 침을 어쩌지 못해 16골을 메운다.

시디신 김치, 그저 그런 맛의 깍두기
젓가락이 들리다 말고 눕고
밍밍한 맛에 온몸이 꼼실거려
푸르뎅뎅한 고추 하나 집어 드니
"매울 거예요."
경계심 갖게 한 후백의 말씀에
도전하고픈 어쭙잖은 치기로 베어 물었다.

파르륵 팟!
1만 ***스코빌이 입안을 감싼다.
화끈한 맛 제대로 보여준 고추 덕분에
얼얼함이 모든 감각을 잠재워
울렁이던 속을 잠재우니

커진 눈
공중을 떠도는 혀
밀려오는 썰물 같은 후회

길 잃은 아이처럼 헤맬 때
삶의 진리를 깨닫지 못한 중생을
깨우쳐 주는 큰스님처럼
시인이 먼저
아름답게 살아야 한다는 말씀에
나를 돌아본다.

후백이 계시기에
눈이
영혼이
맑아진다.


\* 양광 : 김문중 시인.
\*\* 후백 : 황금찬 시인.
\*\*\* 스코빌 스케일(영어: Scoville scale)은 고추류의 매 정도를 나타내어 준다. 스코빌 단위(영어. Scoville Heat Unit 스코빌 매움 단위, SHU)의 값이 높을수록 캡사이신의 함량이 높아 매운 맛이 강하다.

# 추억

시간으로 낡아가는 건축


돌지 않고 멈춰 선 시간이 늘고
하루, 일 년, 십 년이 지나더니
마음을 주지 않는 공백은 길어지고
그리움을 들추던 설렘은 사라지고


커피 향을 벗 삼아 춤추던 무곡은
네모난 집 속에 숨어 있고
화를 달래던 현악의 부드러움은
커다란 창고 구석에 웅크린 채 세월을 센다.


소복이 쌓인 먼지만큼 잊은 나날
한 해, 한 번 기억하려나
늘어가는 잡다한 것들
그 속에 묻은
정열의 향수

## 송구영신送舊迎新

속초문화원에서
*시와 음악이 춤추는 밤 공연을 마치고
떠오르는 희망을 맞으러 가는 길

눈길을 머물게 하는 장미도 시들듯
날이 다가올수록 식어갔던 기다림의 열정.

생계형 예술인이라 삼 년을 숨죽이며 참아온 시간
하얀 포말처럼 흩어질까 두려워
칼날 같은 바람을 맞으며 달린다.

푸른 파도가 넘실거리는 속초 바닷가에서
긴 시간 애달팠던 마음을
파도에 실어 수평선 너머로 보내고

움츠러든 마음을 세우고자
일신우일신日新又日新하며 새로운 해를 맞이하듯
다시 시작되는 그리움을 만든다.

---

\* 시와 음악이 춤추는 밤 : 한국시낭송가협회가 주관하는 시 낭송, 시극, 합창, 후백의 문학 강연으로 엮은 공연.

### 후백의 말씀

속초 바닷가에서
태평양 바다처럼 넓은 사랑이
이 세상을
우주를
살린다 하셨지


떠나버린 육체를 보내고
살아있는 영혼을 나누며
아이를 보듬고
노인을 받들고
미물조차 생명을 귀히 여기라시던


스승님은
우리들 마음속에
시 안에 살아 계신다.


노래하자
후백의 따스함을
사랑하자
너와 내가 받은 축복으로

## *발왕산 스카이워크

초록으로 동색을 이루던 숲은
다른 잎사귀만큼 알록달록 변하고


가슴에 가을 물들이러 오른
하늘정원에서 보는 대관령은
잡을 수 없는 그림


빠알간 단풍으로 물든 나무 아래
붉은빛 별이 되고 싶어 눈을 감고


구름 위를 걷는 몸은 마음을 다잡아야
한 걸음 뗄 수 있는 하늘길


멈추지 않고 움직여야
새로운 걸 얻는
도전의 정석을 펼쳐놓은 길


* 발왕산 스카이워크 : 강원도 평창군 대관령면 올림픽로 용평리조트 전망대.

# 향기 없는 소년

프랑스 도심 한가운데
생선 내장을 버리듯
한 여인이 흘려버린

썩어가는 생선 위에서
들숨으로 시작한 생명

보이는 것이 아닌
흐르는 것의 근원을 찾아
맡고 느끼는 일이
삶의 이유인 아이

생명을 버린 여인은
단두대의 이슬이 되는 까닭에
소년에겐 그리운 이가 없다.

생존을 위한 노동도
외로움의 고통보다 가볍기에
사람을 신처럼 믿는 맑은 소년

그를 업신여긴 사람들은
속임수와 거짓에 대한 보답으로
생급살을 맞는다.

삶이 그저 고난이 아닌 새로움인 걸
직감이 경험되어버린 영험 가득하나
설렘의 의미를 모르는 까닭에
집착으로 빼앗은 생명이 열셋

그 고뇌가
사랑하는 자식을 잃고
소중한 연인을 빼앗긴 이의
살아있는 죽음만 할까?

향기 없는 동물
나무도
풀도
미물도 있는 향기가
그르누이에겐 없다.

향기를 갖지 못한 남자
애틋이 봐주는 이 없고
애달프게 지켜볼 이 없기에
사랑할 줄 모르는 원시인


\* 그르누이 : 파트리크 쥐스킨트 원작 〈향수〉의 주인공.

## 참회

유리창 너머 보이는 붉은 조끼는
약속을 기다리는 믿음이었는데
기울어진 하얀 뱃머리를 삼킨 바다


손 내밀면 미궁에서 건져 올릴 듯한데
뉴스에서 보이는
자꾸만 가라앉는 배


침몰 되는 순간까지
*세월호 주변에서 상부 명령만 기다린 해경
속옷 차림으로 가장 빨리 탈출한 선장
모두 구조되었다는 가짜 뉴스


균형수를 버리고 철근으로 채우고
파도를 무시하고 고정하지 않은 차량
위급상황에 가만히 기다리라는 거짓 안내방송

정해놓은 규칙은 위정자 뒤에 잠자고
부서져 버린 어른들의 회색빛 양심과
304인의 흰 절규를 삼킨 맹골도 앞바다


성스러운 푸른 바다를
한탄과 원망으로 뒤섞어 놓고
돌아오지 못하는 이를 기다리는
노란 리본이 부끄러운 봄

* 476명의 승객을 태우고 인천에서 출발해 제주도로 향하던 **세월호**가 2014년 4월 16일 전남 진도군 앞바다에서 급변침을 하며 침몰. 304명 사망. 침몰 사고 생존자 172명 중 절반 이상은 해양경찰보다 약 40분 늦게 도착한 어선 등 민간 선박에 의해 구조되었다.

## 부디
- 이천 물류창고 화재 사고

해거름이 질 때면
기다리는 이가 있고
웃음으로 보내고
기쁨으로 맞이하던 이에게
아픔이고 눈물이며 한이 되어버린 그대


캄캄한 어둠 속 화염에 쌓인 공간
애절한 절규도 단장의 외침도
규제와 속임에 싸여 밖으로 뿜어내지 못했다.


혼미함을 떨쳐버리려 달음질치고
설마 하는 마음으로 곳곳을 두드리다
두려움을 벗어버리려 두 눈 부릅떴을 그대


한 올의 숨이라도 이어나가길 기도한 가족은
남는 자의 서러움으로 악을 쓰고
말 없는 이별의 허망함에 오열하고

개발도상국을 벗어나 세계 경제 대국 13위는
그저 높은 건물과 넓은 도로일 뿐
대한민국 노동자를 위한 안전대책은
아직도 미개발


가는 자의 망설임 없이
남은 이에 대한 미련 없이
평안하게 \*극락왕생하시길….










\* 극락왕생極樂往生 : 『불교』 숙어서 극락에 다시 태어남. 늑 안양왕생, 왕생극락,
  정토왕생.

## 영혼의 힘

*속초 바닷가에서
태평양 바다처럼 넓은 사랑이
이 세상을
우주를 살린다고 하셨지


떠나버린 육체는 잊혔으나
살아있는 말씀으로 남아있어
아이를 보듬고
노인을 받들고
미물조차 생명을 귀히 여기며
나에겐 검열을
남에겐 관용을
행동으로
수행하는 나날


\* 속초 바닷가 : 후백 황금찬 시인은 1918년 속초에서 출생, 33년간 강릉에서 교편을 잡았다. 한국시낭송가협회는 고문이신 선생님을 모시고 연말에 속초로 문학기행을 갔다.

## 아름다운 사람

고드름이 키를 재듯 줄지어 자랄 때
난로 옆을 지나는 훈훈함처럼
온기를 나누고


안개 속 두려움에 휩싸인
무채색 미래에
바람을 일으켜 맑게 하며


나눔에 후하고
새로움을 만들어 내는
원주교육문화관 사서 선생님


망설임이 행동으로 이동하고
그 바뀜이 키운 희망을 응원하고
다른 색을 더 빛내 줄 믿음으로


서로에게
시나브로 어우러지는
일곱 빛깔 그녀

# 진실

바람이 분다.


휘몰아 들려오는 울부짖음처럼
귀를 막아도 피부를 파고들어 들려온다.
소리의 시작은 하나인데
서로 다른 꿈을 꾸며
듣고 있다.


듣는 귀도 참 고집스러워
아~ 를 외치는데 우~ 로 듣고
바람이라는데 부담이냐며 돌아선다.


같은 꿈을 기대하며
나누고 기다리던
슬픈 세월이 지났다.

깊은 골로 갈라진 시간
땅의 모양을 바꾸듯
느슨한 마음으로 헤맬 때 파고드는
우리 것을 뺏으려는
야욕에 찬 돌이 되어 던져진 망발.


세계 질서에 \*깨진 유리창으로 남지 않도록
역사를 배우고 나누어
새로운 시대를 맞이할 내일을 위해
악순환의 고리를 끊어야 한다.


태고 이래
만고불변의 진리
독도獨島는 대한민국大韓民國 땅.

---

\* 깨진 유리창 : 미국의 범죄학자인 제임스 윌슨과 조지 켈링이 1982년 3월에 공동 발표한 깨진 유리창(Fixing Broken Windows: Restoring Order and Reducing Crime in Our Communities)라는 글에 처음으로 소개된 사회 무질서에 관한 이론.

## 시간이 머무는 자리

\*은혜恩惠로운 산, 매봉鷹峰 끝자락
바람 소리 벗 삼아
아름다운 선행이 꽃피운
\*\*고판화古版畵 박물관博物館


모작模作도 부끄럽지 않은
모네와 고흐가 반한 우키요에
호쿠사이의 예술을 향한 순수가
드뷔시의 영혼을 파고들어
바다의 교향시交響詩가 되고


시공을 넘나들며
조선통신사로 도쿄를 거닐던
조엄趙曮을 만난다.


한석봉의 천자문이 활자로 살아나와
신분을 초월한 평등으로
새순의 영양분이 되고

저장하는 종교가 아닌
사대부의 정서만이 예술이 아닌
미래를 위한
여성의 교육이 판화로 시작되었더라면
동강난 한반도의 국민으로 살지 않으련만


아름다운 채색은 가면 속에 숨어버리고
피우지 못한 꿈도 바람에 날아간 채
역사歷史는 끝없이 늪에서 헤어나질 못해 멈춰버린
치악산 명주사 고판화 박물관


\* 은혜로운 산 : 치악산雉岳山에 얽힌 전설로 꿩이 선비의 은혜를 갚기 위해 목숨을
바쳐 선비를 구한다는 이야기.
\*\* 고판화 박물관 : 강원도 원주시 신림면 물인길 62. 우리나라 유일 고판화 박물관.
전 세계 옛날 목판화를 전시하는 전문 박물관으로 2004년에 개장.

## 배신의 시대

새순이 돋아나고
꽃이 피고
열매 맺을 때
따사롭던 햇볕이
시원한 바람이
비가 달랐다.

그 다름 속에
하루하루 희미해지는
꿈 하나로 살았는데

열매를 따더니
몸통을 잘라버렸다.

그루터기만 남은 나무

새순이 나던 자리도
꽃의 향기도
열매의 모양도
모두 앗아가 버린

상처만 남은 88세대.

## 어떤 선택

저마다 권좌에서
"아니다!
아냐…"라고 부르짖더니


얼음을 녹여 꽃을 피우는
복수초처럼
미투 운동에
하나
둘
얼굴을 내미니


성토하던 거짓을 삼키고
숨기만 하던
어느 날


수치의 벼랑에서
뛰어내렸다.

## 이어폰

목을 휘감는 줄

동굴 속에 꼬옥 숨어있다

주인님의 몸속을 파고들어

그에게만 그만을 위한

온몸을 바치는 너

# 제4부

지구 지킴이의 귀가

## 석양

시간은 같은 사물을
다르게 볼 줄 아는 눈을 준다.


눈도 깜박이지 않고
숨을 쉬는 것도 잊었다.


찰나 같은 시간이 흘렀건만
눈부신 모습 안에 숨은 아픔


감각을 마비시키는 이성은
시나브로 베인 그 빛을 떨치고자


눈썹 끝에 이슬을 달아놓고
눈이 시리도록 바람을 가른다.

## * 치악산 구룡소

머리부터 흐르는 땀이
여기저기 개울로 모여 강을 이루듯
뚝뚝 떨어지는 날
찾은 치악산

구룡소 둘레를 걷다
이끼 낀 나무 밑동마저 으스스한
깊이를 알 수 없는 서늘함에

용왕님 만나러 갈 꿈을
손끝을 떠난 동전에 실어 보내자
물 위를 떠도는 은빛 별

맑은 하늘 담아
더욱 푸른 구룡소
저 물에 담기면
세상도 푸른 물이 들려나

---

* 치악산 구룡소 : 강원도 원주시 소초면 구룡사를 지나 세렴폭포 가는 초입에 있는 용소이다. 옛날 아홉 마리 용이 살았다는 전설이 있다.

### 뻐꾸기 아저씨

불혹쯤 살다 보면
삶을 얼굴에 그려 놓는다는데

보톡스와 방부제로
하루하루 세월을 숨기며 사는 이가 많아
륙색이나 돋보기, 엑스레이로도
그의 마음을 볼 수 없다.

향기로운 사탕이 주는 선물은
달콤함뿐인가
채워지지 않는 갈증을 동반한
그 무서움을 알지 못한 채
스치듯 지나가는 자리에서
평온을 빼앗겼다.

계산한 듯 빠져나가는
통장 잔액
조롱하며 늘어가는
그의 거짓말
그러다
평화로운 날을 찾겠다며
알을 버리고 떠난 그.

## 꺼병이 교육

한계지수란 포기지수란 듯
헉헉거림이나 인내심은
원시인이 배고픔을 채우기 위해 한 행동일 뿐
모든 건 생명을 준 이들에게 책임이 있다는 듯

공부는 선택
게임이 생활
식사는 온갖 첨가물이 든 허접한 음식으로
냄새를 가리려 화학 방향제를 뿌리고
친구를 만나러 SNS에 들어가는 아이들

관심이란 잘못인 듯
검정을 검다고 말할 수 없고
모두 흰색처럼
밝게 빛나라 한다.

노랑도
파랑도
그 빛을 숨기고
그저 하얗게
또 하얗게

## 지구 지킴이의 귀가

어둠이 놓아주지 않는 새벽 3시
평창 알펜시아를 출발해 진부, 속사를 지나
면온, 둔내에 이르면 새벽 4시

무거워진 눈을 부릅뜨고
구불구불 끝없을 것 같은
영동고속도로를 달리다
횡성 휴게소에 들러
손끝이 시리게 차가운 물로
정신을 차리고 나가려는데

히힉 헐헐 히히힉…
소름이 돋는 느낌에 뛰어나가다
멈칫 서서 귀를 기울이니

반복되는
쉬쉭 컬컬 시시식…

소리를 찾아
굳어지는 가슴으로 겨우 숨 쉬며
문마다 여닫기를 여러 번

손잡이가 구부러져
계속 쏟아지는 물살

보이지 않을 땐 귀곡성 같더니
맑은 물이 흐르는 소리는
어둠을 깨운다.

눌러도 흔들어도
단단한 손잡이는 꿈적이지 않아
발로 차았다.

피시시식…

얼마나 긴 시간을 기다렸을까
의미 없이 흐르는 동안
무얼 잡고 싶었을까

깊은 어둠 속으로 돌아와
새말, 교학, 태장을 지나
봉산, 행구동
치악산 자락 아래

내 모든 세포가
잠자지 않고
기다려준 사이

여명을 등에 지고
보금사리로 왔다.

## 젊은이여

스무 살 여름
친구와 비를 맞으며 여의도를 걸었어요.
무궁무진한 가능성에 비를 맞아도
열정은 식지 않았지요.

젊은이여
36년 전 이야기라오.
이젠 누구도 그러지 마세요.

방사성 물질이 섞인 비를 맞으면
씻을 때까지 외부 피폭이 되는 거예요.
피부를 통해 적은 양의 내부 피폭도 된답니다.

핵 발전소가 폭발한 나라는
폭탄 세일을 잘하지요.
그 나라의 화장품을 즐겨 쓰시나요
그러지 마세요.
아직 살아야 할 날이 많잖아요.

방사성 물질이 안 든 것으로
오염되지 않은 걸 찾아보세요.
건강을 능가할 아름다움은 없잖아요.

## 목포

하늘이 품어 준
바다 가까이

오지 않는 메아리를 기다리며
뱃고동이라도 울리면
돌아서야 할 때라 마음먹으며

수평선마저 하늘과 같이 희뿌연 오후
자기를 잃어버리는 세상

붉은 노을도
빛나는 은하수도
삼켜버린 미세먼지

폭풍이 찾아와
심해를 뒤집고
비를 뿌려
온갖 것 씻어 내려
제 색을 찾을 날
언제려나

## 공허

한 달 전부터 받은 초대장을 기억 속에 심어 두어
약속을 바꾸고, 미루고,
소풍 갈 날 기다리듯 가끔 초대장을 꺼내 기억을 다졌다.


잊을까 염려하는 그의 맘을 알리듯
문자로 첨부파일로
잠들까 생각을 흔들어 깨우더니


바람이 옷 사이로 헤집고 들어오는 날
초입 감기를 겨우내 앓을까 염려하며
예를 갖춘 차림으로 찾은 곳


함께 사는 도시의 문화를 향상하는 일을 하고
어른, 아이 모두 생각을 나누는 자리 뒷전에서
고르고 뽑는 일을 같이했는데


섞일 수 없는 이질감에 소름이 돋기 시작하고

자기 명함에 한 줄 담긴 것만 자랑하는 그
그러려고 마련한 자린 줄
듣다, 듣다 깨달은 어리석음


자화자찬
참 멋없는 일을 바라보는 두 시간
목이 타고 허기로 고생고생하다 들은
선거법 때문에 식사를 줄 수 없다는
주인이 던지는 돌멩이 같은 말


잊을까 염려해 보내고 또 보내더니
잔뜩 모인 모두를 굶겨 보내는 대책 없는 이
어쩌다 거르게 된 한 끼에 눈물마저 핑 돌듯 서글픈 건


알고 지낸 10년 세월, 첫 초대에
분수를 뛰어넘을 정성을 보태었는데
흰소리, 빈 소리를 먹은
내 영혼이 허기진 까닭이다.

## 침묵

원주평생교육정보관 도서관친구들
친친 행사를 마치고
이글거리는 태양보다 더 뜨거운 핸들을
쥐었다 놓았다
왕복 6차선 도로에서 1차선을 달린다.

좌회전 신호를 받기까지 500미터 이내
오후 세 시 반 휘청거리는 폭스바겐이 앞에 있다.
신호등도 켜지 않고 차선을 물고 휘청거린다.

빵빵!
'음주운전인가? 전화기를 조작하나?'
2차선으로 물러난 차와 같이 달리다
신호에 걸렸다.

창이 열린다.
'미안하다면 괜찮다고 말해줘야지'
나도 창을 열었다.

"왜 똥차 가지고 빵빵거려.
점심으로 빵을 먹으셨어, 빵빵거리게.
똥차 가지고 빵빵거려도 돼?"

뒷자리의 아이가 제 아빠를 보고 나를 보고
얼굴을 볼 수 없는 아이 옆 여자의 그림자

운전자의 같은 말
또 같은 말
아스팔트를 녹일 태양보다 더 뜨거워지는 머리끝

가시나무도 아닌 것이
고슴도치도 아닌 것이
말마다 침을 달고 휘두른다.

신호가 바뀌기 무섭게 도망가는 XXX 5499
스스로 잘못을 깨달은 건가

사십 대 초반쯤
일그러진 얼굴을 가진 남자
그 폭언에 대꾸하지 않고
바라본 것은

제 가족 앞에서 무게 잡아야만
살 것 같은
그 초라한 인상 때문이었다.

## 변혁

*"자신이 옳다고 믿는 사람은 게으르다. 자신의 의견이 절대적으로 옳다고 생각하는 사람의 머릿속에는 오로지 어떤 경향의 사고방식만 끊임없이 맴돌고, 그 때문에 늘 대동소이한 결론을 내놓는다."

교통사고 후 나빠진 건강을 되돌리겠다고
간이 없는 음식과 생채소를 먹고
백탕에 냉수를 부어 중탕을 마시며
이른 아침 해를 맞으며 걷고
수영을 하고 골프를 쳤다.

즐겨 먹던 낙지 젓갈을 꺼내지 않고
구수한 청국장 대신 낫또를
아이스크림 대신 얼린 홍시를
우유에 넣을 콘프라이트 대신
요플레에 사차인치를 넣어 먹었다.

근육을 단련해야 한다는 처방에 따라
스쿼트, 플랭크, 런지, 레그프레스…
210일이 지난 뒤 뼈 건강이 20대
혈액순환 혈관이 20대라는 쾌거

내가 아는 모든 것을 의심했다.
유튜브로 찾은 기능 의학의 권위자
그들이 주장하는 정보를 모으고 모아
공통점을 찾아서 내 것으로 만드는 일이
하고 싶고 해야만 하는 일이었다.

\* 『비트겐슈타인의 말』, 시라토니 하루히코, 인벤션, p167.

# * 서로

1,366,560시간
시나브로 가까이 다가온 서로
혼자만의 시간을 견뎌야 할 때
포근히 감싸주는 따스한 온기를 나누고
지루한 세월을 웃음으로 보내기도 했지


철학자를 만나
같은 세계를 누리려 했고
가상의 현실로 들어가길
두려워 않고


정치가의 비정에 몸서리치며
현실을 외면하지 않고
새로운 지도자를 물색하기도 했지


돌볼 엄두가 나진 않지만 귀여운
아기 고양이, 강아지 이야기에 설레며
길들이기를 상상했지

이승과 저승을 넘나드는 영혼을 들여다보고
살날의 지표를 삼기도 하고
가슴에 묵혀 둔 상처를 풀어놓았지


보이지 않으면 생각도 않는 안타까움을 알기에
하루하루 더 볼 일 만들어 지내며
이웃사촌을 넘어 다정하나 선을 지킬 줄 아는
예를 아는 사람들과 그들이 모이는 공간

---

\* 2008년부터 이어진 독서 모임.
\* 2019년 원주시 행구동 삼익아파트 상가에 있는 문화 카페.

## *직지

보드라운 새순처럼
때론 억센 가시 같은 백성은
비와 바람에 시달리며 굳세어 가고
무더위를 피하지 못해 시들다 말라 죽고
보이지 않는 균에 감염되어
산 사람은 살아야 한다며
죽어가는 가족을 내다 버리기도 한
아픈 시절을 같이 지낸 우리는

사람이기에 인간답게 살려는 마음 하나로
잘못을 보듬고 가엾음을 측은히 여기며
흉년이 들어 먹을 게 없어도
숨겨두기보다 같이 나누고
함께 곯음이 진리라 여겼다.

미움이 끓어올라 후려치려는 팔을 끌어내리고
고통보다 죽음을 선택하려는
흔들리는 마음을 놓지 않고
버티기 어려워
그 마음을 글로 적어보다가
글로 새겨 남겨놓은

수백 년 흐른 이 강산에
기억하고자 하는 이들 마음에 살아있고
그나마 하나 있는 실체는
앗아간 이의 양심과 함께
프랑스가 차지한
초록백운화상불조직지심체요절.

세계를 하나로 묶어주는
K-POP, 한식, 한복, 시, 한국의 문화
빼앗긴 문화라 여기지 않으리라.

수 백 년 전 그들에게 이미 알린
우리의 문화이나
돌려받길 원함은
다음 세대를 이끌어갈 아이들에게
희망을 심어줘야 할 이 시대를 사는
우리의 의무이다.

* 직지 : 세계 최고의 금속활자 인쇄본.

## *나폴레옹과 가수

먹이를 주지 않는
주인을 몰아내고
같이 놀던 친구마저
쫓아내고


모두를 속이고서
대통령 된 나폴레옹


말은 늘고 먹이는 줄고
잠은 줄고 노래는 늘고


몇 년 전 힘차게 노래하는
힙합 가수 있었지
넘치는 매력에
많이들 좋아했는데
입대를 앞두고
미국 시민 되었지
거기서 잘 산다
떵떵거렸는데

십삼 년 지난 지금
한국인 되겠다고 여기저기 내민 얼굴
다시 군대 가겠다 하나
이미 연령제한이 지난 나이


겉으로 보낸 말은
속과 달라
찬란했던 전성기를 되찾고
돈을 벌기 위함인데


이런 사람 받아주는
이런 사람 반기는 나라도
우화 속엔 있겠지




* 나폴레옹 : 조지 오웰의 소설 『동물농장』 속 돼지.

## 어떤 앎

*"책벌레라는 개념은 좀목(Thysanura)에 속하는 곤충에서 유래하는데, 이 곤충은 종이와 잉크로 구성된 책을 실제로 먹어 치우는 벌레로 일찍이 알렉산드리아 시대부터 도서관의 청소부로 익명을 날렸다……."

하나 있는 오빠가 책을 보면
누구든 아무것도 시키지 않았다.
내가 책을 읽으면 이따 읽으라 하고,
심부름시키고 집안일을 시켰다.
하물며 도우미까지
내게 심부름을 시켰다.


부모님의 부재는
아이들에게 만화를 볼 자유였으나 쓸쓸했고
쌀 한 됫박 연탄 한 장이 매일 없어져도
그까짓 거 괜찮다 하신 어머니의 살림은
서서히 흔들렸다.


친척이라는
혈족이라는 보이지 않는 끈 하나를 믿었지만
언제든 돌아설 수 있는 허상들.

힘들게 벌고 어렵게 모아 온
공든 탑이 무너져 버리고
갑자기 찾아온 수십 년 된 믿음을 버려야 하는데
믿음도 습관이 되어
버려야 하는 갈림길에 선 이는
어둠에 갇혔다.


사춘기 소녀의 도피처는
독서였다.


책은 읽으나
지혜를 얻지 못하는
책벌레였다니

* 『은유가 된 독자』, 알베르토 망구엘, 행성B출판, p12.

# 꿈

가진 이가 말하는 멀지 않은 그곳


설렘을 시작으로
숨어 있는 희망을 찾아
굳은살이 터지고 새살이 돋길 여러 해


눈물을 숨기고
불안함을 감추고
모자람을 기도로 채우며


숨 쉬는 것도 잊고
가슴 터지는 헉헉거림으로
먼 길을 달려왔다.


이제 또 다른 시작
너와 나
우리의 바람은
그리 멀지 않은 거기

## 미안해요

그대도 나도
딱
하나만
가졌지요.


수조 원의 재산가도
빚더미의 신용불량자도
건강하게 살아야
떠오르는
해를 볼 텐데


10만 년이 지나야 없어질 폐기물을
후손에게 잔뜩 남겨놓은


21세기
이기적인
조상이 되어버린 우리


무어라 설명하고
이해를 구할까

## 아시는지 모르시는지

2011년 3월 11일
지축을 흔드는 일본지진이 일어나고
쓰나미로 후쿠시마 핵발전소 4개가 폭발


시베리아 북서풍 덕에 대한민국이 아닌
태평양으로 방사성 물질이 밀려갔지만


2020년 10월 부산항에서 목격되는
일본산 활어 차량 행렬
코로나19로 연기된 도쿄올림픽으로
소비되지 않는 식자재를 우리나라에 수출


버리기보다 파는 작전에 들어갔으나
받아주지 않는 다른 나라
우리는 너무 착한 이웃 나라


대한민국 어업을 무너뜨리고
러시아산과 국내산으로 둔갑해
국민의 건강을 해치는데

세포분열이 왕성한 어린아이와 젊은이는
방사성 물질 중 어느 것도 안전하지 않으니


세슘이 있다니 없다니 말하는 건
측정하기 제일 쉬워서일 뿐


세슘이 나오면
그 외 방사성 물질이
100여 가지나
더 있다는 걸

## 바로 보자

히로시마와 나가사키에 떨어진 폭탄보다
후쿠시마에 방사성 물질이 만 배나 더 많은
핵 발전소가 터졌다.


그들이 초대한 포럼에서
일본의 미래를 묻기에
솔직한 전문가는
"모두 이민 가세요." 했더니
인사도 하지 않고 돌아서더란다.


이후 입국금지자라는 통보


믿고 싶은 걸 믿는다고 해결할 수 있는 원시시대에 사는 그들
모든 걸 숨기고 감추지만 통계로 나타나는 인구감소, 유산율
증가는 숨길 수 없는 역사


원전을 방문한 스가 총리가
"오염수 마셔도 됩니까?" 물으니
"희석해서 마시면 됩니다."라고
도쿄 원전 직원이 대답한다.

바다로 흘려보낼 오염수를
희석하면 괜찮다고 할 연막 쇼 리허설


변하지 않는 사실은
지구가 오염되는데
괜찮다는 거짓말 뒤에 숨은 그들.

## 은인과 악인 사이

*은파호수공원을 걷다 보면 예부터 많은 보부상이 찾은 벌이 마당을 지나간다. 장사하다 보면 모두가 이익을 좇기에 만인만색의 형상이 머물던 곳.

코로나19로 집에만 있기에
멀리한 햇볕만큼
밤이 길어진 나날에
나선 산책

보통 걸음보다 보폭을 늘여 빨리 걷는다. 메타세쿼이아 길을 따라 걷다 벌이 마당을 지나 호수를 돌고 돌아갈 시간을 맞춘 알람이 울릴 때 빠른 걸음으로 지나가던 중 치우고 가라는 소리에 깜짝 놀라 발걸음을 멈추었다.

목줄도 하지 않은 푸들과 걷던 60대 남자가 자기의 의무를 하지 않고 지나가는지 몇 분이 치우고 가라고 해도 들은 척도 않고 지나가는 견주.

사진이라도 찍어
벌금을 내야 지키려나 웅성거리는데
발을 조심하라는 소리에
또 놀라버린 난,
잠시 굳어버렸다.


한 걸음 차이로 앞에 있는 개ㅇ.
고맙다는 인사가
저절로 나왔다.


그걸 밟았더라면 신발을 어찌했을까?
시간에 맞춰 가야 할 약속 시각을 지키려고
얼마나 종종거렸을까?


고마운 아저씨.




\* 은파호수공원 : 전라북도 군산시 나운동에 있는 공원.

## 그런 거예요?

먹고 죽은 귀신은 때깔도 좋다더라
이 말이 얼마나 두려운지 아시는지요

가만히 있어도 바늘로 콕 찌르는 듯 칼에 베인 듯 다발성으로
오는 근육 통증에 잠을 이루지 못할 때 고르게 숨 쉬며 자는
가족이 얼마나 부러운지 아시나요

큰 시장에서 대구 살을 사 와
나눠 먹자 주시는 어른께

세슘이 많이 나오는 생선이니 잡수시지 말랬더니
없어서 못 먹는 이도 있는데 배부른 소리 한다 핀잔받고

세계 모든 나라가 일본산 수산물을 수입하지 않는데
우리 정부는 왜 거꾸로 가는지

탈핵 독일을
탈핵 대만을
탈핵 벨기에를 가는데
우리는 앞으로
40개를 목표로
핵발전소를 더 짓는지

우리나라 국민만
방사능에 강한 건가요?

## *동화마을 수목원

수수꽃다리 향기가
가슴으로 들어 온 날

산철쭉은
화사한 분홍별이고
봄바람에 춤추는
벚꽃잎은
꿈의 조각들

공작단풍 아래서
한나절을
집을 짓다
허물다

아쉬움에
마음을
남겨두고
돌아온

* 동화마을 수목원 : 2020년 원주시 문막읍 동화골길에 문을 연 식물원.

## 우주 이야기

화성 이야기가 나오면서
지구 이후로 인간이 찾아 나선
우주선의 이야기를 들을 때

화성 표면의 먼지처럼
마음이 흩어지는 착잡함

지구 생성 이후에
생물이 출현하기까지
얼마나 걸렸을까

어마어마한 20억 년이 걸린 건
방사능을 제거하느라 그런 거래

원시 지구는 방사능투성이여서
생물이 살지 못했대

방사능이 사라지고
대기권이 형성되고 나서야
생물이 나타난 거래

## 아름다운 동행

만 개의 꽃이 피고 지고, 또
하나를 보며 다른 생각을 말해도
고개 젖지 않는 넉넉한 마음에
원주 문인협회에 적을 두었다.


충주호로 떠난 문학기행
가파른 길이 다르게 다가와
성큼성큼 걷는 이들을 피해
난간을 잡고, 발밑을 보고
숨을 고르는 노老시인


십 년이 하루 같고
일 년 전이 아슴아슴하고
어제와 달라진 발걸음


흔들리는 손을 잡아
호수보다 넓은 등을 펼치고
같은 길을 가는 ㅅ 시인.

# 방 빼

코로나19로 닫힌 마음에
길을 찾으러
확~찐자에서 벗어나려는 몸부림을
붉은 잠바 속에 숨기고
*명봉산 능선을 오르내리다 만난
손바닥 바위

가파른 능선에
겨우 두 사람 숨을 고르다 갈 수 있는
바위에 앉아 내려다보니
문막 시내와 기업도시를 구름이 덮었다가 떠나고
발아래 초록 바다가 일렁이는데

바람보다 거친 숨소리에 고개를 돌리다
마스크로 가려진 얼굴에 덜컥 내려앉는
가슴을 쓸어내리고
어느새 굳은 다리로
일어선다.

* 명봉산 : 원주시 문막읍 동화마을 수목원과 연결된 산.

# 선물

월송리 산마루에
조지 윈스턴의 "Thanks giving day."가
자작나무 사이를 흐르고
소리 없이 내린 눈에 얼어버린 산책로를
웅웅거리는 기계로 땀이 나도록 쓸고 녹인 정성에
또각또각 걷는

*파석과 시멘트, 철을 줄지어 잇고 선을 물리며
본질의 다름이 단절이 아닌 소통을 위한 동행으로
동그라미 옆에 세모가 그 옆에 네모가 별이 되는 갤러리

나이의 많고 적음이 청춘의 척도가 아닌
꿈의 유무가 젊음의 존재와 일맥상통하여
찾아오는 이가 꿈을 그리는 박물관

경쟁의 소음에 지친 이에게
바람이 마음을 씻어주고
현란한 빛에 핏발 선 눈이
자연 앞에 맑아지는
**뮤지엄산SAN이 주는 사랑


\* 파석 : 바위를 잘게 깨뜨린 돌.
\*\* 뮤지엄산SAN : 강원도 원주시 지정면 한솔오크밸리 안에 있는 박물관 이름.

## 희망 2

서리 내리고
눈 내리고
땅이 얼고
다시 녹고
또 내리고
얼고


따스한 햇볕은 콘크리트 벽을 따라
잠시 기웃거리다 도망가도
내일은
햇살이 몇 초 더 길 것을
고대하고 기다리는
일상